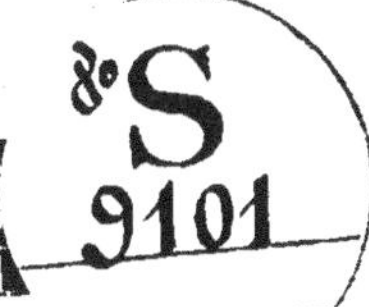

LES ASILES-AGRICOLES

DE LA SUISSE,

Comme moyen d'éducation pour les enfants pauvres. — Remède contre l'envahissement du Paupérisme. — Système de colonisation pour l'Algérie.

D'après l'ouvrage allemand de JOH.-CONRAD ZELLWEGER.

PAR MATHIEU RISLER,

MAIRE DE CERNAY, HAUT-RHIN.

MULHOUSE,

IMPRIMERIE DE P. BARET, PLACE DE LA BOURSE, 2

1846.

LES ASILES-AGRICOLES

DE LA SUISSE,

Comme moyen d'éducation pour les enfants pauvres. — Remède contre l'envahissement du Paupérisme. — Système de colonisation pour l'Algérie.

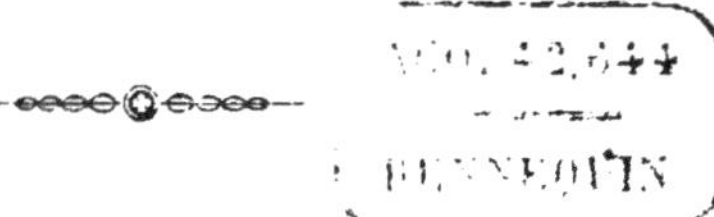

D'après l'ouvrage allemand de JOH.-CONRAD ZELLWEGER,

PAR MATHIEU RISLER,

MAIRE DE CERNAY, HAUT-RHIN.

MULHOUSE,

IMPRIMERIE DE P. BARET, PLACE DE LA BOURSE, 2.

1846.

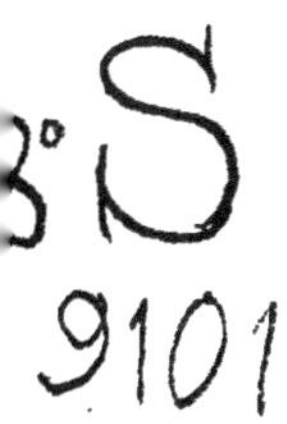

INTRODUCTION.

Notre gouvernement, dans sa sollicitude paternelle, nous a dotés d'une loi qui accorde à tous les enfants, sans exception, le bénéfice de l'instruction primaire. Le principe de la loi de Juin 1853 est éminemment juste : l'État doit l'éducation première à chaque membre de la société. La loi sur l'instruction primaire est inattaquable en principe, mais elle n'est pas suffisante. Il y avait un moyen de rendre ce principe plus utile encore, en élargissant l'acception du mot d'instruction primaire, et en l'étendant à l'instruction professionnelle, surtout à l'instruction agricole.

On a bien créé, depuis une vingtaine d'années, en faveur de l'agriculture, quelques écoles, quelques fermes-modèles ; mais ces instituts ne s'ouvrent qu'à la richesse, et c'est pour le peuple, pour le pauvre, que nous voudrions des écoles où l'on apprît à cultiver la terre. C'est le seul remède contre l'envahissement du paupérisme : il faut que l'État donne la main à l'enfant du pauvre, pour le tirer de la misère, en lui faisant apprendre un état, qui lui fournisse les moyens de gagner sa vie par le travail.

La dépense annuelle des enfants trouvés s'élève en France à près de sept millions : cette dépense est à peu près sans compensation. Les deux tiers de ces malheureux, abandonnés à la charité publique, meurent, d'après la statistique officielle, avant l'âge de douze ans, époque où les départements cessent de les secourir, à moins d'infirmités ou d'idiotisme. Le tiers restant forme une espèce de caste dégradée, souffreteuse, qui va grossir le nombre des repris de justice et augmenter le budget de la justice criminelle. Ces dépenses, ce nous semble, pourraient être sensiblement réduites et infiniment mieux utilisées.

Pour cela, il faudrait créer une quantité suffisante d'établissements semblables à ceux qui existent en Suisse, et y placer les enfants trouvés, de l'âge de six à sept ans.

Nous donnerons une description détaillée de ces établissements, nommés Asiles-agricoles, après avoir dit un mot de leur grande utilité.

CAUSES D'UTILITE.

Il est un fait certain, c'est que le paupérisme augmente de jour en jour, et prend un caractère de plus en plus inquiétant pour le maintien de l'ordre social. On ne peut donc pas traiter d'entreprise inutile, les efforts sérieux et soutenus des hommes qui voient et jugent l'orage dont nous sommes menacés, et qui cherchent à opposer une digue à ce torrent destructeur.

A aucune époque on ne s'est occupé avec plus de sollicitude du sort des pauvres ; la charité chrétienne n'a jamais été exercé plus largement qu'aujourd'hui, et , malgré tout cela, l'extension de la plaie du paupérisme se fait avec une terrible puissance de rapidité : on dirait que le mal devient épidémique.

C'est que la charité, dont le seul but est d'empêcher les pauvres de mourir de faim, loin d'en diminuer le nombre, n'en fait que grossir la masse par tous les paresseux , vagabonds , et mendiants de profession , qui , se reposant sur les soins des sociétés de bienfaisance , s'adonnent à la dissolution des mœurs , à la fainéantise, sans aucun souci de l'avenir , certains que les secours ne leur manqueront pas.

Ces motifs devraient nous rendre plus circonspects dans la distribution des aumônes, qui se fait le plus souvent sans calcul, ni combinaison. En donnant aux pauvres , on devrait toujours s'assurer si ces aumônes consoleront effectivement le digne nécessiteux , ou si elles sont prodiguées aux mendiants éhontés et paresseux , qui demandent par spéculation.

Mais, si l'on veut bien employer ses dons, soulager la vraie souffrance, travailler à l'extinction de la mendicité , arrêter les progrès du paupérisme, en un mot, moraliser la pauvreté, il ne faut pas se borner à donner des aumônes : il faut chercher à tirer ces malheureux de leur état de dégradation ; il faut leur apprendre à gagner honorablement leur vie ; il faut les amener, par l'éducation , à avoir honte de la mendicité : il faut les habituer dès leur jeune âge à aimer le travail : — c'est là le but sublime, le but divin des asiles-agricoles.

On peut diviser les pauvres en deux categories très-distinctes. La première comprend les gens âgés, incapables de gagner leur vie, les infirmes, les ouvriers sans travail et les enfants des pauvres (soit orphelins, enfants abandonnés, ou petits mendiants). La seconde catégorie comprend les pauvres par inconduite, par paresse, par spéculation ; enfin ceux dont la misère a dégradé l'âme comme le corps.

Si l'amour du prochain, les devoirs du chrétien ordonnent de secourir la vieillesse indigente, l'ouvrier honnête qui manque d'ouvrage, l'infirme, et surtout l'enfant sans appui, sans protecteurs naturels ; il n'en est pas de même des pauvres de la seconde catégorie, qui exploitent la crainte ou la faiblesse de ceux qui possèdent, pour pouvoir continuer une vie de paresse et de débauche : ceux-ci peuvent être abandonnés à leur propre misère, sans aucun cas de conscience, du moment que tous les moyens pour les ramener au bien, ont été employés sans succès.

Mieux vaudrait, dans l'intérêt général, les laisser succomber dans le besoin, que d'en agrandir le nombre par une charité mal ordonnée.

Mais, une voie moins cruelle, une voie noble et divine reste ouverte à la charité chrétienne, pour guérir peu à peu cette plaie de la société, sans avoir recours à cette extrémité. Des hommes dignes de toute notre admiration, des hommes que l'on peut appeler à juste titre les bienfaiteurs du genre humain, nous ont indiqué la ligne à suivre : il ne s'agit que de marcher sur leurs traces, d'imiter leur noble dévouement.

Dans toutes les villes de la France, des sociétés de charité s'occupent de l'extinction de la mendicité ; toutes au moins rivalisent de zèle pour soulager leurs frères malheureux ; toutes viennent au secours des pauvres avec une grande sollicitude. Mais nous ne voyons aucune de ces sociétés rechercher les causes du paupérisme toujours croissant, ni s'occuper sérieusement des moyens d'en arrêter les progrès. On perd de vue la mendicité héréditaire ; on ne calcule pas l'augmentation effrayante des pauvres qu'entasse génération sur génération, et on laisse leurs nombreux enfants devenir mendiants à leur tour.

Voilà cependant le mal qu'il faudrait combattre avant tout !

Pour diminuer le nombre des pauvres, arracher leurs enfants à leur état de dégradation, sauvez leurs corps et leurs âmes pendant qu'il en est temps encore ; faites-en des travailleurs honnêtes, en leur donnant une éducation convenable, dans des asiles destinés à cette fin.

Le manque de fortune n'est pas un malheur en lui-même : l'exemple de mille et mille familles pauvres nous démontre qu'on peut être heureux sans être riche. Ce qui rend le paupérisme inquiétant, c'est son immoralité, son défaut de mœurs et de religion ; c'est son refus de travailler, son désir de jouir sans peine, son exigence toujours croissante envers ceux qui possèdent.

Jettez un coup-d'œil sur le tableau statistique qui suit, calculez l'augmentation numérique des mendiants que produit la pauvreté héréditaire, et dites si nous sommes des alarmistes en vous criant à l'oreille : changez de système, occupez-vous, avant tout, de l'éducation des enfants des pauvres, si vous ne voulez pas que leurs masses toujours croissantes renversent, tôt ou tard, l'ordre social dans notre vieille Europe.

Lord J. Russel disait au parlement britannique, que les pauvres en Angleterre forment une armée quatre fois plus nombreuse que celle qu'elle opposa à la France pour lui faire la guerre. Aussi, le contraste entre l'excès de la richesse et de la plus grande pauvreté, entre le luxe du propriétaire et la profonde misère du prolétaire, n'est nulle part plus frappant.

En Suède, où la population est peu nombreuse, où dominent le travail agricole et la simplicité des mœurs, on ne compte que 3 mendiants sur 400 habitants.

Dans la froide Norvège, 3 mendiants sur 100 habitants.

En Danemark,	4	id.	id.
Dans le Würtemberg,	5	id.	id.
En Italie,	13	id.	id.
En France,	15	id.	id.

Dans les Iles Britanniques réunies, 17 sur cent.

Et en Angleterre, prise seule, 40 sur cent.

En France, le nombre d'enfants trouvés, entretenus aux frais de l'État, se monta en 1844 à 123,394, et leurs frais d'entretien s'élevèrent à 6,707,829 fr. 02 c.

A Paris seul, les établissements de charité entretiennent 95,000 malheureux.

A Berlin, le nombre des mendiants a doublé de 1822 à 1826, et les familles soutenues ont été de 2990 à 3475.

Mais le pays le plus chargé de pauvres est toujours l'Angleterre; il n'y a point d'intermédiaire entre le millionnaire et le prolétaire. Sur une population de 21,350,000 habitants, on en compte 20,754,447 dont le gain journalier ne couvre pas la dépense; tandis que seize mille cinq cents élus jouissent de fortunes tellement énormes, que le revenu annuel de chacun est estimé de deux millions et demi à cinquante mille francs au minimum.

A Londres, il y a vingt-cinq mille individus qui, en s'éveillant, ne savent pas où trouver leur subsistance pour la journée, et qui se répandent chaque jour dans la vaste enceinte, pour y exercer la mendicité systématique et le vol.

En Suisse, la masse des pauvres augmente également d'une manière inquiétante; elle est déjà de dix sur cent habitants, dans les cantons manufacturiers.

Ainsi l'augmentation progressive de la masse des pauvres est bien constatée, et ce qui rend ce rapide accroissement plus inquiétant encore, c'est que le pauvre ne se montre plus humble et suppliant, comme autrefois ; mais éhonté, ingrat, exigeant, parlant souvent d'un ton menaçant, lorsqu'il se voit en force, et exprimant alors tout son mécontentement de l'ordre des choses existant, prêchant avec les communistes le partage égal des biens.

Quel est le remède le plus efficace pour guérir cette plaie sociale ? Voilà la haute question qui doit nous occuper.

Notre réponse est toute préparée : faites cesser la pauvreté héréditaire; c'est le seul moyen de diminuer peu à peu le nombre des pauvres!

C'est-à-dire, donnez de l'éducation à leurs enfants et apprenez-leur à gagner honorablement leur existence par le travail. Mais ce n'est pas une instruction superficielle qui mène à cet heureux résultat: celle-ci peut bien faire briller dans la société, mais elle ne formera pas d'utiles travailleurs, elle ne soutiendra pas l'homme dans les orages de la vie.

Une éducation sans but arrêté, qui crée cette légion de solliciteurs, regardant le travail manuel comme au-dessous de leur mérite, et qui rend prédominant chez eux le désir épidémique de l'époque, de s'enrichir par des combinaisons spéculatives, sans fatiguer les bras : ce genre d'éducation, disons-nous, ne convient nullement à l'enfant du pauvre.

Il lui en faut une qui développe en lui les forces physiques en même temps que les facultés morales; qui lui apprenne à connaître à la fois la résignation, la sobriété, l'amour du travail et la honte de l'oisiveté. Il doit acquérir la conviction, que c'est Dieu qui ordonne notre destinée, que toute position sociale a ses peines et ses plaisirs, et que ce n'est pas la fortune qui rend heureux, mais le contentement du peu qu'on possède.

Élevez des maisons de refuge aux pauvres, vous les y ferez subsister; mais vous ne diminuerez pas les progrès de la pauvreté; vous n'empêcherez pas les enfants des mendiants de devenir mendiants à leur tour.

Si, par contre, vous vous chargez de donner une éduca-

tion saine et chrétienne à ces enfants, une instruction qui
leur apprenne le travail, l'ordre, la propreté, l'obéissance ;
si vous les préservez des mauvais exemples, vous arrêterez
la mendicité à sa source , vous en rendrez les progrès im-
possibles.

Ainsi, nous pouvons présenter comme remède radical
contre les progrès du paupérisme, l'éducation et l'instruction données à la jeunesse pauvre, dans des établissements
organisés de manière à développer en même temps les facultés physiques et morales ; tandis qu'une instruction pu-
rement scientifique serait plutôt dangereuse qu'utile à ces
enfants ; car on fait souvent un mauvais usage de son savoir, si la morale la plus sévère , si les principes religieux
n'en forment pas les bases.

L'expérience ne démontre que trop, que les familles qui
sont tombées dans la mendicité et dans la démoralisation,
ne s'en relèvent plus, et le mal devient héréditaire, comme
les difformités corporelles. Il n'y a en cela rien de surpre-
nant : des enfants qui grandissent dans le désordre , dans
la malpropreté, dans la paresse , dans l'inconduite, dans
l'ignorance, ne peuvent devenir que des mendiants de
profession. La fréquentation momentanée d'une école publique et l'instruction religieuse ordinaire , restent même
sans aucun effet ; parce que dans leur intérieur, ils voient
journellement le contraire de ce qu'on cherche à leur inculquer : le sol où doit germer cette bonne graine , est déjà
envahi par les mauvaises herbes.

Nous le répétons encore : la masse des pauvres ne dimi-
nuera que par la destruction de la pauvreté héréditaire.

Lorsque en France, l'État entretient 125.594 enfants trouvés, qui un jour deviendront peut-être autant de mendiants; lorsque des données certaines nous prouvent que, sur quinze indigents qui reçoivent des secours, il y a six enfants qui sont le produit de la pauvreté héréditaire, l'augmentation prodigieuse de ces petits êtres ignorants, paresseux, vicieux, à la charge de la charité publique, doit nécessairement inspirer des craintes sérieuses pour l'avenir, et appeler sur cette grave question toute l'attention des gouvernements et des hommes qui s'intéressent à l'ordre public, au bien général.

Jusqu'à présent on s'est fort peu occupé de ces petits vagabonds: on les laisse courir, se vautrer dans la fange, mendier, et partager le triste sort de leurs malheureux parents. Orphelins ou enfants trouvés, on les case dans des hôpitaux jusqu'à douze ans, et, à défaut de place, chez de pauvres logeurs, au plus bas prix possible, où ils sont élevés dans l'abrutissement; et l'on croit avoir assez fait, sous le rapport de l'humanité, en leur conservant la vie, sans calculer les funestes conséquences d'un système aussi dangereux. Car, ces enfants rentrent ignorants et vicieux dans le monde, pour y grossir le nombre des bras inutiles, à la charge de la société.

Par tout ce qui précède nous croyons avoir suffisamment prouvé l'utilité, la nécessité même, des asiles-agricoles pour l'éducation des enfants pauvres. Il ne nous reste qu'à en faire la description, en indiquer l'organisation intérieure, et à faire des vœux pour que le gouvernement, de concert avec ceux qui possèdent, s'occupent incessamment de la fondation de pareils établissements.

Historique des asiles-agricoles de la Suisse, d'après Joh.-Conrad Zellweger.

On compte aujourd'hui en Suisse trente-deux établissements destinés à faire l'éducation des enfants des deux sexes, pris parmi les orphelins, les enfants de veuves, les enfants abandonnés et les jeunes mendiants. Cette éducation se donne gratuitement aux frais des cantons, des sociétés de charité, ou moyennant une pension extrêmement modique : son but est de fournir de bons ouvriers, à l'industrie manufacturière, et surtout à l'industrie agricole.

Nous allons donner l'énumération de ces établissements et en faire connaître l'origine.

J.-H. PESTALOZZI, fils d'un médecin, naquit le 12 Janvier 1746, à Zurich. A l'âge de cinq ans, il perdit son père et sa mère; privé ainsi de la sollicitude paternelle dès son bas âge, il vécut dans l'isolement. Son développement intellectuel fut l'ouvrage de ses méditations précoces, et la cause de cette excentricité, de ce mépris de l'étiquette, qui lui donna plus d'un désappointement durant sa longue carrière.

Destiné au barreau, il changea de vocation, après avoir lu l'Émile de J.-J. Rousseau. Il acheta des terres près Lenzbourg, et y bâtit une ferme qu'il nomma Neuhof; c'est là qu'il mit en pratique ses pensées philantropiques. en se chargeant de l'éducation d'une cinquantaine d'enfants pauvres. Il pensait que le produit de leur travail suftirait à leur entretien, tout en comptant leur donner une éducation conforme à leur future condition sociale.

Mais en cela, il se fit illusion : après avoir vécu un certain nombre d'années sur cette propriété, avec ses petits mendiants; après avoir partagé avec eux son dernier morceau de pain, il fut forcé d'abandonner son entreprise, faute de ressources suffisantes.

C'est pendant son séjour au Neuhof que ce généreux philantrope acquit cette science profonde du cœur humain, qui lui a valu le noble titre de créateur du nouveau système d'éducation, et celui de régénérateur de la classe pauvre.

PESTALOZZI, ne trouvant pas au milieu de ses enfants toutes les lumières nécessaires pour l'éclairer sur les besoins de la classe malheureuse, se glissait souvent dans les cabarets, et, caché dans un coin, il écoutait les discours des visiteurs. Il se familiarisa de la sorte avec leurs habitudes et leur caractère. C'est ainsi que se développa en lui, et que parvint à sa maturité, un système d'éducation propre à diminuer le nombre des mendiants, et à tirer leurs enfants de la fange.

Avant d'aller plus loin, nous allons faire un résumé de ce système, qui servit de base à l'organisation des asiles-agricoles de la Suisse.

Réunissez trente ou quarante enfants, soit orphelins, enfants abandonnés, ou petits mendiants, dans une maison d'éducation, entourée de terres à cultiver, et donnez-leur un seul directeur capable.

Cette maison ne serait-elle couverte qu'en chaume, et

les enfants coucheraient-ils sur la paille, il n'y aurait là rien de contraire au genre d'éducation qui leur convient.

Qu'ils ne reçoivent point de vin pendant toute l'année, s'ils sont en état de santé ; rarement de la viande ; que la pomme de terre remplace le pain : pourvu qu'ils aient du lait et des fruits, ils seront bien nourris. Que leurs habits soient de l'étoffe la plus grossière ; cela vaut mieux que de les affubler de chiffons qui ont appartenu au luxe et à la mode. La vue de ces colifichets pourrait leur faire perdre la simplicité des mœurs et la pureté du cœur pendant leur éducation.

Leurs habits, ainsi que leur nourriture, doivent être en harmonie avec leur condition sociale, qui leur fait une loi de la simplicité et de l'économie. Il doit leur paraître naturel d'avoir des habits faits pour leur genre de travail rustique, qui les expose journellement à la poussière, à la boue et aux intempéries.

Pour que la besogne journalière ne leur paraisse pas pesante à la longue, il faut les accoutumer, dès le premier jour, à remplir toutes les fonctions qu'exigent tant les soins de leur personne, que ceux de la maison, afin que l'habitude devienne une seconde nature, et qu'ils finissent par regarder le retour journalier de ces tâches comme une conséquence naturelle de l'ordre des choses.

Il faut qu'ils remplissent leurs devoirs, non comme chose imposée par leur état présent de dépendance, mais comme chose nécessaire à leur existence, et que, maîtres de leurs actions, ils exécuteraient encore avec plaisir.

Tel qu'un messager-piéton se fait aux fatigues de la

marche, aux alternatives du froid et du chaud, de la pluie
et du vent, sans que ces changements de température n'influent ni sur sa santé, ni sur son caractère ; tel l'enfant
du pauvre doit s'habituer à supporter les fatigues du travail, par l'habitude et la force de sa constitution, sans
en être nullement incommodé.

Donc, l'homme qui est chargé d'élever les enfants des
pauvres, et qui doit les rendre insensibles aux fatigues du
rude travail manuel, ne peut point parsemer de roses le
chemin qu'il leur fait parcourir. Leur bonheur futur, au
contraire, exige, tout en se renfermant dans de justes limites, qu'on leur évite tous ces combats qu'une molle
éducation prépare à ceux que la nécessité force de gagner
leur vie par un travail pénible et fatiguant.

Ce n'est pas la privation de ce qui est au-delà du strict
nécessaire qui abrutit l'homme ; ce sont ses passions, son
désir immodéré de jouir, qui lui font commettre des bassesses, qui lui rendent la vie difficile, et corrompent son
bon naturel.

Par une éducation vigoureuse, qui laisse ignorer à l'enfant tous ces mille besoins factices, inventés par le raffinement du confort, on ne fait rien moins que le dégrader ; au contraire, on lui apprend à se passer de ces misères, à les mépriser, et à se mettre au-dessus de ces êtres
efféminés, qui ne peuvent supporter ni pluie, ni vent, ni
froid, ni fatigue, sans en être incommodés. Ces qualités
acquises pourront lui faire comprendre sa supériorité,
malgré l'abbaissement apparent de sa condition.

Qu'on ne s'y trompe pas : nous ne voulons rien moins

qu'accoutumer l'enfant à la malpropreté, en le faisant travailler dans les champs et dans les étables, pour le familiariser avec sa profession future, ni détruire en lui l'ap-
préciation hygiénique de la propreté. Nous ne voulons que
lui apprendre à mépriser une parure gênante, et non lui
faire négliger les soins de sa personne; car il ne faut pas
confondre l'apparence de la malpropreté, avec la malpropreté elle-même. On peut avoir un habit sali par le
travail et être très-propre de corps, tout comme on peut
se couvrir d'un vêtement propre, et être très-malpropre
de corps; et celui qui cache la saleté du corps sous un
habit propre, est infiniment moins estimable que l'homme
qui porte un habit sali au travail et qui tient à la propreté
de son corps.

Pourvu que les dimanches l'habit soit propre et sans
taches, dans la semaine il ne faut songer qu'à la propreté
du corps, et se laver le matin et le soir, pour se préserver
des inconvénients qu'amène la malpropreté.

Aucune négligence ne peut être tolérée à cet égard ; il
faut un bain entier chaque semaine, tant que la saison le
permet; la figure, les mains et les pieds doivent être la-
vés tous les matins, en hiver comme en été, et les mains,
après chaque travail salissant, et avant chaque repas.

Cependant, ces soins hygiéniques ne doivent et ne peuvent pas empêcher le pauvre de toucher les objets salissants qu'il est obligé de remuer pour gagner sa vie, et
cela dans la crainte de gâter la délicatesse de sa peau: car
les gerçures de ses mains sont ses trophées, et ce rude
travail favorise bien plus le développement du corps, et

fortifie sa constitution bien mieux que les soins minutieux qu'on mettrait à la conservation d'une peau délicate.

Le besoin de se laver s'acquiert par celui de toucher des objets salissants; et cette habitude, une fois prise, suffit à la conservation de la santé. Il est donc inutile d'accoutumer l'enfant du pauvre à des soins de propreté plus minutieux que ceux que sa position sociale lui permettra d'employer plus tard. A quoi bon au jeune homme, à la jeune fille du peuple, d'être entourés, pendant leur éducation, d'une propreté coquette qui les effémine, lorsque leur état social les condamnera, dans l'âge adulte, à des travaux grossiers, au-dessus des forces d'une constitution affaiblie? On ne leur préparerait par là que des souffrances corporelles, des maladies, et une vieillesse prématurée.

Force et agilité, sont les principes de l'éducation populaire : tous les exercices du corps doivent viser à ce but, et se rapporter aux travaux dont leur condition sociale les forcera de s'occuper un jour.

Pour leur apprendre à être agiles, on les fait garder les troupeaux, chercher les provisions dans les environs, faire des commissions et grimper sur les arbres pour en cueillir les fruits. Pour développer leurs forces, on les fait piocher, porter ou pousser des fardeaux, faucher, faner, sarcler, etc. Mais ces exercices doivent être pratiqués avec tous les soins et tous les ménagements qu'exige leur âge, afin de favoriser le développement physique et non user prématurément le corps.

Pour obtenir ce développement complet, il faut les faire travailler dans diverses poses, pour les accoutumer à des positions gênantes sans en être fatigués ; et veiller surtout à ce que ces exercices occupent préférablement tout le corps et non-seulement les extrémités, afin que toutes les parties s'en développent également et non exclusivement les membres occupés au détriment de ceux laissés dans l'inactivité. Le travail à l'aiguille ne développe que la main, tandis que le restant du corps reste chétif; l'exercice du tisserand n'occupe que le pied, dont la force se développe au détriment de la cuisse.

En général, les exercices qu'on fait debout, ou en marchant, sont préférables à ceux qu'on fait assis.

La position assise est la moins convenable pour le jeune âge, parce qu'elle est contraire au développement proportionné du corps : la position couchée serait encore préférable. Cependant, comme la position assise est souvent inévitable au pauvre, ses enfants doivent y être habitués, avec la précaution, toutefois, de ne pas la faire durer trop longtemps sans interruption, surtout si c'est pour le travail à l'aiguille, qu'il est nécessaire de leur apprendre.

Il est donc bien arrêté, qu'autant que les soins de la propreté doivent être subordonnés au dévelopement physique, autant la pratique du travail assis doit céder le pas aux exercices qui se font debout, et qui mettent en mouvement toutes les parties du corps pour en favoriser le développement complet.

Ainsi, ne tenez pas l'enfant du pauvre assis, pendant toute une longue journée, sur un métier qui n'occupe que ses doigts ou ses pieds, comme cela se pratique dans l'atelier du pauvre ouvrier ; mais donnez-lui un marteau pour

frapper, une hache pour couper, des roues à pousser
des terres à fouler, ou qu'il porte, soit dans les mains
sur la tête, ou sur le dos, des fardeaux proportionnés à
ses forces. Comme son seul héritage consistera dans ses
forces physiques, vous soignerez paternellement pour lui.
en le dotant de toute la vigueur qu'un développement
complet et bien ordonné du corps puisse lui donner. Par
cela seul vous lui assurerez son avenir.

En suivant ces règles, on finit par lui inspirer assez de
confiance dans ses forces acquises, pour qu'il prenne plaisir à les développer encore davantage, par de fréquents
exercices gymnastiques. Mais ces exercices doivent toujours être surveillés, pour empêcher des efforts dangereux,
qui pourraient occasionner des difformités, ou l'affaiblis-
sement de quelque membre.

Jusqu'ici nous avons démontré que les efforts de l'é-
ducation de cette classe d'enfants, doivent être dirigés
spécialement vers le développement physique, pour les
rendre aptes à supporter sans peine les fatigues d'un rude
travail manuel. Il est essentiel de leur en faire comprendre la nécessité, parce que leur intérêt autant que leur
bien-être futur le veulent ainsi.

Il est cependant une autre condition tout aussi importante à remplir, c'est de ne point négliger en eux la culture de l'esprit et du cœur. Il faut les accoutumer de bonne
heure à réfléchir, même en travaillant, et à se rendre compte
de l'utilité de tout ce qu'ils entreprennent. Ils doivent apprendre à observer, à réfléchir, tout en agissant, de manière
que l'esprit ne reste pas un moment inoccupé, engourdi.

Nous n'entendons par parler de ce bavardage frivole, sans but utile, qui détourne l'attention de l'ouvrier et laisse son travail imparfait. Les paroles et les réflexions doivent être sérieuses, et ne rouler que sur l'objet qui l'occupe, afin que le travail à exécuter gagne par là en perfection, qu'il s'exécute plus promptement, et qu'il devienne plus lucratif. La besogne bien achevée, rien n'empêche d'éveiller la gaieté par le chant et les jeux, et de cultiver l'esprit par la lecture.

Une éducation ainsi ordonnée devient un trésor précieux, qui donne à l'élève obéissant une existence honorable; et, au lieu d'un mendiant, vous aurez élevé un bon et vigoureux travailleur, un homme capable de soutenir, dans toutes les circonstances de la vie, sa dignité personnelle.

Le grand agronome FELLENBERG, connu du monde entier par le bel établissement de Hofweil, près Berne, frappé, comme le fut Pestalozzi, de la dégradation toujours croissante du bas peuple, tant au physique qu'au moral, et déplorant les principes en usage pour secourir les pauvres, principes dont la conséquence est l'oubli et l'abandon de leurs enfants, pour ne donner aide et assistance qu'à la vieillesse ; Fellenberg, réunissant l'énergie de l'exécution et les ressources pécuniaires aux nobles pensées de Pestalozzi, résolut de continuer l'œuvre que son prédécesseur avait commencé avec tant de sacrifices et de désintéressement.

Il créa une école particulière dans son grand établissement de Hofweil, pour les enfants abandonnés que la police lui amena, et leur donna un maître pour les civiliser et les instruire dans les travaux agricoles.

C'est donc à ce célèbre agronome qu'il fut reservé de mettre en pratique la belle théorie de Pestalozzi et de perfectionner sa méthode d'éducation. Il avait reconnu que ce dernier ne s'était pas suffisamment occupé du développement intellectuel et qu'il n'avait pas traité le travail manuel d'une manière assez sérieuse ; de sorte que, tout en adoptant pour principe, que le travail manuel chez le pauvre, doit servir de moyen dominant pour le développement de l'intelligence, il consacra plus de temps à l'instruction élémentaire. Il voulait faire de ses élèves autre chose encore que des valets de ferme, sans cependant leur faire abandonner les exercices des travaux agricoles.

Il suffit, dit-il, de comparer l'influence du bon air de la campagne, sur la santé de l'homme, à l'influence de l'air corrompu des ateliers, pour donner la préférence aux travaux des champs.

Ces travaux sont le remède le plus efficace pour guérir l'engourdissement du corps et de l'âme, auquel sont assujettis ordinairement les enfants des mendiants. Les travaux champêtres offrent tant de variétés, et exercent si bien le corps, que toutes les fibres de la force active reçoivent de la nourriture et détruisent le penchant de la paresse. Les enfants jouissent de la belle nature ; leur santé y gagne et s'y fortifie, et, couverts de sueur, ils trouvent délicieux leur pain bis. Le corps s'habitue aux changements de la température, et l'esprit s'élève par la contemplation des beautés de la nature, par l'admiration du luxe de la végétation.

En voyant, par les efforts de leurs bras, les arbres fruitiers, les légumes, les épis dorés remplacer les ronces et
les épines, ils apprennent l'intelligence d'un travail qui
n'est jamais ingrat, lorsqu'il est fait avec discernement,
et qui laisse l'homme dans son indépendance. — L'agriculture, en un mot, est un état où l'on ne manque jamais
de pain, que par sa propre faute.

Sept jeunes instituteurs entreprirent, l'un après l'autre,
la tâche pénible de ramener au bien les enfants abandonnés, introduits dans l'asile de Hofweil, sans que leurs
efforts fussent couronnés de succès, jusqu'à ce que la direction de cette école fût confiée à un jeune homme, nommé J.-J. Wehrli, qui résolut victorieusement le problème,
et fut pendant vingt-quatre années, le guide, l'instituteur,
le bienfaiteur, le père d'une soixantaine d'enfants abandonnés. Ce nombre se compléta toujours par de nouveaux
arrivés, au fur et à mesure que ceux qui avaient acquis
l'âge fixé pour la sortie, entraient dans le monde, enrichis
de toutes les connaissances et de toutes les vertus qu'exige
une position sociale honorable.

Wehrli s'acquitta de sa tâche pénible avec autant d'é-
nergie que de persévérance et de talent; il réussit si bien
dans son système d'éducation, que c'est à juste titre qu'il
est appelé le créateur d'une nouvelle méthode, connue sous
le nom *d'école Wehrli.*

La première chose dont il eut à s'occuper en recevant
des enfants de six à douze ans, fut de les laver, de les
peigner, et de les accoutumer à des repas réglés. Il eut
même la condescendance de leur racommoder les habits.

pour leur inspirer des principes d'ordre et d'économie.

En suite il fallut inculquer à ces petits sauvages, l'amour du travail et le dégoût du vagabondage. Il les mena aux champs, aux prairies, dans le jardin, et se mit à leur tête pour leur faire voir la manière de cultiver et de récolter, pour leur enseigner à rendre le sol productif et à en tirer, pour leur bienfaiteur, une compensation des sacrifices qu'il s'imposait pour leur entretien.

Ce grand praticien ne laissa rien inexpérimenté, et il acquit la conviction que l'enfant du pauvre ne saurait être sauvé qu'en lui inculquant l'amour du travail, et que tout reste sans résultat là où, pour moyen d'éducation, le travail manuel n'est pas joint à l'enseignement théorique.

On voyait Wehrli, au milieu de ses élèves, la tête découverte et souvent nu-pieds comme eux, débarrasser les champs des cailloux, des mauvaises herbes, piocher, fumer le sol, faire les récoltes; et, pendant les journées d'hiver, nettoyer de la laine, éplucher des légumes, préparer le chanvre; enfin faire avec eux tous les menus travaux qui se présentent dans une exploitation rurale. Il y avait plaisir à voir ces petits êtres se démener, rivaliser, pour imiter leur maître, leur ami. Wehrli avait soin d'assaisonner ces travaux de petites historiettes instructives, et qui avaient rapport à la culture des plantes, à leurs vertus, à leur origine.

Puis on parlait d'instruments aratoires, de leurs usages, de leur perfectionnement, de leurs inventeurs; ou bien l'on donnait à resoudre un petit problème d'arithmétique, ou faisait une leçon grammaticale, une description géographique, et surtout on dirigeait l'attention de ces enfants sur les merveilles de la création, sur la bonté de Dieu et sur sa grandeur.

Chaque fois que l'un ou l'autre de ces élèves faisait une remarque spirituelle, on donnait des éloges à cette jeune intelligence : ce qui stimulait les autres ; et tous tourmentaient leur imagination pour se faire applaudir à leur tour et mériter les éloges du maître : excellent moyen d'émulation pour développer les facultés intellectuelles. Pendant les heures de repos, on apprenait à lire, à chanter ; le chant surtout fut employé avec succès pour toucher le cœur des enfants et les civiliser.

A table, Wehrli, assis au milieu des élèves, leur distribuait lui-même une nourriture frugale, et la partageait avec eux. Un dortoir commun servait au maître et aux élèves, pour que le premier pût mieux surveiller ces plantes encore incultes, et déraciner les mauvaises habitudes dès qu'il les découvrait ; avant les repas, on faisait une prière à haute voix.

Trois années d'expérience démontrèrent d'une manière péremptoire, que, sous un maître habile, l'enfant du pauvre peut être convenablement élevé à peu de frais, partout où il y a possibilité de réunir à l'instruction élémentaire le travail agricole et manuel.

Les heureux résultats qu'obtint Wehrli furent bientôt répandus, et de toutes les contrées de l'Europe on envoya des jeunes gens à Hofweil, pour les familiariser avec sa méthode. Il employa comme moniteurs ces jeunes gens, qui le secondèrent puissamment, tout en se préparant à diriger de pareils établissements. Des règlements d'ordre, très-utiles, furent introduits dans son école. Le premier consistait à confier à chaque élève des plus âgés, et dont la moralité était éprouvée, un jeune camarade, pour lui servir de patron, veiller aux soins de sa propreté, de sa mise, pour surveiller sa conduite et l'empêcher de mal tourner : ces deux élèves se donnaient le nom de frères, et une liaison plus intime s'établissait entre eux : c'est ainsi que la vie de famille servit de modèle à tout le système d'éducation de Wehrli.

Le second règlement fixait pour chaque journée et à chaque élève un travail varié, proportionné à ses forces, pour obvier à l'ennui et au relâchement qui résultent de la monotonie des mêmes occupations.

Cet ordre soulageait infiniment le directeur, et le dispensait de l'aide d'instituteurs et de domestiques à gages : résultat qui avait pour effet l'économie et l'éloignement des mauvais exemples que donnent souvent les personnes salariées. Aussi Wehrli s'en trouva fort bien ; et, malgré le nombre toujours croissant de ses élèves (il y en avait jusqu'à cent), il put se passer de tout auxiliaire étranger. C'est à cette sage organisation qu'on doit attribuer en grande partie le succès soutenu de son institut, qui, à juste titre, peut servir de modèle à tous ceux du même genre.

Les enfants reçus gratuitement dans cet asile, y restaient jusqu'à l'âge de vingt et un ans ; non par intérêt seulement de la prospérité de l'établissement, puisque le jeune homme retenu si longtemps, pouvait indemniser le fondateur d'une grande partie des dépenses de son éducation, mais principalement pour ne les exposer aux dangers de la corruption, qu'à un âge où l'on pourrait supposer suffisamment enracinés les principes de vertu qu'on leur avait inculqués.

Wehrli, à des jours fixes, réunissait les plus âgés de ses élèves, qui lui servaient d'aides et de moniteurs, pour conférer en particulier avec eux, sur tout ce qui pouvait intéresser le bien de l'établissement : à cet effet, il entrait avec eux dans les moindres détails, avec une bonté toute paternelle ; à cette même occasion il adressait des remontrances sévères, à ceux qui laissaient apercevoir quelque relâchement dans l'accomplissement de leurs fonctions : il réussit ainsi parfaitement à électriser ses jeunes collaborateurs, qui le secondèrent de cœur et d'âme.

Tout était calculé pour arriver à l'amélioration graduelle des mœurs de ces jeunes gens. Dans la maison, ils avaient tour à tour à veiller au maintien de l'ordre et de la propreté, et au dehors, à surveiller l'entretien des instrumens aratoires, à leur exacte rentrée au retour des champs. Pendant le travail, chaque surveillant avait sa section de petits ouvriers à guider et à leur distribuer la besogne ; il avait à leur expliquer les causes et les effets du travail, et à veiller à ce qu'il fût exécuté avec tous les soins, toute l'exactitude possible.

Aux réunions du soir, on faisait connaître la conduite de chacun, et les réprimandes et les punitions que l'un ou l'autre avait encourues ; l'on comprend combien ces leçons devaient profiter à tous. On infligeait rarement des punitions corporelles, on préférait expulser les enfants incorrigibles.

Quant à l'instruction élementaire, on y consacrait moins de temps au commencement, que plus tard : on restait toujours dans les bornes prescrites par la destination future des élèves. On tâchait d'en faire de bons et braves ouvriers, et non des savants.

Le *canton de Berne* s'est enrichi par l'agriculture, mais malheureusement son sol ne s'étend pas en raison de sa population ; c'est pourquoi l'on y voit les pauvres mendiants à côté du riche propriétaire foncier.

En tout temps on y exerça la charité, en tout temps les pauvres y furent secourus ; mais Pestalozzi et Fellenberg apprirent au monde la manière de les secourir plus efficacement, le moyen d'en réduire le nombre toujours croissant.

A leur exemple il se forma une association de philantropes, pour s'occuper de l'éducation de l'enfant du pauvre; ils créèrent des asiles d'agriculture selon la méthode de Fellenberg et de Wehrli. Le premier de ces établissements fut *Bättweil*, près Bourgdorf, fondé en 1835. Cet établissement entretient trente garçons, admis moyennant une pension annuelle de soixante quinze francs, payée par les communes ou par les parents. Leur occupation principale est l'agriculture.

L'asile du Trachselwald, créé en 1835, entretient trente-deux enfants ; chacun coûte à l'entreprise cent vingt francs environ par an. Il y a là une belle et vaste exploitation rurale.

L'asile de Langnau, fondé en 1837, n'a que vingt-cinq élèves, tous garçons. Cet établissement se distingue par sa

belle organisation; le travail manuel des élèves paie presque tout leur entretien.

L'asile de Bemgarten est consacré exclusivement à l'éducation des filles. On n'en prend que vingt-cinq, pour leur
apprendre la couture, la broderie et le jardinage. Le travail manuel de ces filles est vendu au profit de l'entreprise.
Elles paient une pension annuelle de soixante francs.

L'asile de Bienne est fondé depuis 1843. On y reçoit
gratuitement trente enfants, tant garçons que filles; on y
prend aussi des pensionnaires payants, au prix de cent
vingt à cent cinquante francs par an.

La Grube, près Berne, reçoit trente garçons. Les pauvres
y sont reçus gratuitement; les moins indigents, pour une
pension annuelle qui varie entre trente à soixante-quinze
francs. Ce sont toujours les travaux de la campagne, et
ceux de l'atelier pendant l'hiver, qui font les bases de leur
éducation.

Wangen est un établissement privé, créé par actions.
Les enfants admis paient de quarante à soixante-quinze
francs par an, selon les moyens des parents. Leur occupation est le travail manuel, agricole et industriel.

Ruggisberg et Kœniff, au canton de Berne, sont deux
asiles-agricoles nouvellement fondés. Dans le premier on
reçoit cinquante à cinquante-quatre garçons, et dans le
second, environ autant de filles. Le prix de la pension est
très-modique.

Neuve-ville a aussi fondé un asile-agricole en 1841, pour
des enfants pauvres. La commune paie les frais d'entretien.

Une fondation pareille existe depuis 1831 à *Landorf*.

pour filles et garçons. La commune de *Kœnitz* y place les enfants pauvres, et paie leur entretien.

Un établissement d'un genre particulier est celui de *Gros-Affoltern*, que fonda B. Loder en 1842. Il possède une petite propriété rurale, dans laquelle sont occupés huit pauvres garçons et autant de filles. La caisse de bienfaisance de l'endroit lui paie trois cent soixante francs de pension annuelle, pour quatre pensionnaires que l'administration s'est réservé le droit d'y placer. Les autres enfants admis, paient une pension, qui varie de vingt-cinq à cent francs par an. La moitié de la somme que l'entrepreneur perçoit, est placée dans une caisse d'épargne. Ce fonds est destiné à doter ces enfants, lors de leur sortie de l'établissement.

Le quatorzième asile du canton de Berne est celui de *Baechtelen*, consacré exclusivement aux enfants vicieux et corrompus, dont le contact avec les bons rendrait les efforts de l'éducation illusoires; comme on ne peut laisser ces malheureux se perdre dans le vice, ils y sont élevés avec beaucoup plus de sévérité et de surveillance qu'ailleurs.

L'institut dont nous parlons, s'ouvrit en 1840. On a eu soin de n'y introduire qu'un élève à la fois, et de deux à deux mois d'intervalle. Douze élèves forment une famille, soumise à un directeur; il y a trois familles, sous trois maîtres différents. En tout trente-six élèves, trois maîtres, un sous-maître, un surveillant pour la partie rurale, et une ménagère.

Les enfants, avant d'être introduits dans ces familles, sont tenus de suivre une classe préparatoire. Ce mode est nécessaire pour les discipliner avant leur admission dans une famille déjà améliorée, ou en voie d'amélioration.

La culture des champs est la principale occupation de ces jeunes gens, pendant la bonne saison ; en hiver, ils travaillent à l'atelier, comme menuisiers, tisserands, cordonniers, tailleurs, etc.

Le commerce journalier avec leurs surveillants, est le grand moyen de moralisation employé pour amener ces jeunes gens au bien. On a soin surtout de leur donner une bonne instruction religieuse, et il y a plaisir à voir ces enfants, autrefois si corrompus, si vicieux, assister aux prières du matin et du soir ; il y a plaisir à voir leur franchise, leur gaieté, leur activité, leur fidélité, leur complaisance, leur modestie, en un mot, le changement complet de caractère, et on ne peut que remercier Dieu d'un résultat si heureux. La pension annuelle est fixée à soixante-quinze francs, payés, soit par les communes, soit par les parents qui placent ces jeunes vagabonds dans cet asile.

Asile de la Schurtanne, à Trogen, canton d'Appenzell.

Joh.-Conrad Zellweger, frappé du vice qui règne dans l'hôpital de la ville de Trogen, où jeunes et vieux, bien portants et malades, corrompus et braves gens, hommes et femmes, sont entassés pêle-mêle, prit le parti d'en retirer les enfants, incapables de discerner le mal du bien, et plus susceptibles de contracter de mauvaises habitudes que de bonnes. A cet effet, il fit don à la commune d'un domaine, nommé la Schurtanne, et ouvrit cet asile en 1824, à douze garçons, sous la direction du digne élève de Wehrli, J.-C^d Zellweger.

Cet institut est un des mieux tenus de la Suisse, et donne les plus heureux résultats ; il renferme quarante élèves, garçons et filles ; ces dernières sous la direction de Mad. Zellweger, dans un bel local séparé.

Nous allons donner un court résumé de ses règlements.

Les orphelins, les enfants abandonnés et ceux des pauvres en général, des deux sexes, sont reçus dans cet asile, au nombre de quarante ; il y a deux corps de bâtiments, l'un pour les garçons, l'autre pour les filles.

Sont exclus, les enfants jugés incapables, faute d'intelligence, de recevoir de l'instruction, et ceux dont la corruption des mœurs pourrait devenir contagieuse : le but de la fondation étant d'instruire, d'élever, et non de créer une maison de correction.

Le conseil d'administration est composé des fondateurs, des autorités locales et du clergé. Ce conseil vote les budgets, nomme le directeur et s'occupe des intérêts de l'établissement en général. Il choisit dans son sein une commission de sept membres, qui surveillent l'instruction, l'éducation et proposent l'admission ou l'exclusion des enfants.

Les enfants des pauvres seront admis aussitôt que leur jeune intelligence est susceptible de recevoir de l'instruction ; passé onze ans, on ne les admet plus.

Leur admission est prononcée après une année d'épreuve ; même avant l'expiration de cette année et pour des motifs graves, ils peuvent être renvoyés.

Si le nombre des enfants pauvres n'atteint pas quarante, il peut être complété par des pensionnaires payants. Le prix de la pension est ordinairement fixé à cent francs par an ; il peut être diminué pour des cas exceptionnels.

Les pensionnaires payants ne sont reçus qu'à l'âge de dix ans et après trois mois d'épreuve.

Le directeur est autorisé à recevoir des externes, pour assister aux leçons élémentaires ; ils paient une rétribution scolaire de 80 c. par semaine.

Le directeur a le droit de choisir quatre de ses élèves pour en faire ses aides.

Les jeunes gens qui veulent se vouer à l'état d'instituteur , sont reçus pensionnaires.

Les élèves doivent quitter l'asile à dix-sept ans ; si leur sortie est demandée plus tôt, la commission administrative peut l'accorder.

Tous les enfants fréquentent les classes le matin pendant quatre heures ; l'après-midi il y a encore l'enseignement élémentaire pour les jeunes.

La commission désigne les enfants, qui, de l'école élémentaire, sont aptes à passer dans l'école d'application.

L'enseignement élémentaire comprend : l'instruction religieuse , la lecture et l'explication de ce qui a été lu, la calligraphie , la grammaire avec des exercices pratiques , qui vont jusqu'au thème, le calcul mental et le calcul écrit, le dessin et le chant.

Aux plus avancés, on donne quelques notions de mathématiques et de géométrie ; on leur append les choses essentielles de l'histoire naturelle, soit par des lectures , soit aux promenades.

L'école d'application comprend le jardinage, la culture

des arbres fruitiers, des champs et des prairies, et l'éducation du bétail. On les familiarise également avec l'art du tisserand, du menuisier, du charron, du forgeron, du tailleur, du cordonnier, etc.

Leur nourriture habituelle est le laitage, le farinage et la pomme de terre. On ne donne de la viande que les jours de fête et durant la rentrée des récoltes. La santé florissante dont les enfants jouissent dans cet établissement, parle en faveur de ce régime.

Pendant les premières années d'existence de l'asile de la Schurtanne, on ne fit rien pour les élèves sortants ; mais on reconnut bientôt la nécessité de continuer à exercer sur eux une certaine surveillance et de leur donner quelques secours en argent. Comme les revenus ordinaires de l'établissement ne permettaient pas ce surcroit de dépense, il se forma, en 1837, une société de secours, qui remédia à l'inconvénient de jeter dans le monde ces délaissés, privés de tout moyen d'existence.

Les secours que leur accorde cette association, consistent en quelques prêts d'argent contre paiement d'intérêt ; mais surtout en fournitures d'outils et de matériaux nécessaires pour exercer leur profession. Il arrive même de temps à autre que cette société fait don de l'argent prêté à celui qui l'a reçu, s'il a mérité cette faveur par une conduite exemplaire.

Il est donné à chaque élève sortant, pour curateur, conseil et guide dans la vie, un membre de cette société de secours.

L'établissement de la Schurtanne, qui ne possédait que

quelques maigres morceaux de terre, lors de sa fondation,
possède aujourd'hui, grâce aux dons volontaires et à sa
bonne gestion, un grand bâtiment pour la demeure des
garçons, un autre pour les filles, une exploitation rurale
bien montée ; assez de prairies pour entretenir huit vaches et des terres labourables suffisantes pour nourrir
toute la colonie. Il possède enfin un capital de cinquante-
cinq mille francs, placé à intérêts, et des forêts qui lui
fournissent le combustible nécessaire.

On évalue la dépense d'entretien de chacun de ses quarante élèves, à 95 fr. par an, savoir :

Dépenses générales pour les émoluments du directeur
et l'achat des comestibles, déduction faite du produit du
travail manuel, ... fr. 1985 »

    Habillement et linge.................. » 560 »

    Blanchissage .... » 114 »

    Entretien des bâtiments.. .... » 540 »

    Entretien du mobilier et des agrès ...... » 270 »

    Éclairage......................... » 100 »

    Médecines, assurances et dépenses impré-
vues.............................. » 238 »

                            Total..... fr. 3807 »

Depuis la création de cet établissement jusqu'à ce jour,
il en est sorti 421 garçons et 262 filles, qui, de l'état
d'abandon et de dégradation où les avait laissés leur nais-
sance, sont devenus des membres utiles de la société, de
braves gens, de bons travailleurs, et établis dans le monde,
les uns comme instituteurs, les autres comme marchands.

cultivateurs, ou artisans. Tous gagnent honorablement leur vie, tandis que, sans les soins donnés à leur éducation, ils eussent augmenté le nombre des mendiants.

Les deux asiles-agricoles de *Schœnebühl* et du *Vœgelinseck*, établis dans le même canton, ont été fondés par cotisations, le premier en 1852, le second en 1842. On reçoit dans chacun d'eux de 30 à 35 enfants des deux sexes; chaque élève coûte environ trente-cinq centimes par jour, en sus du produit de son travail manuel.

Le canton de St.-Gall fonda en 1840 un établissement pareil à celui du canton de Berne, destiné à corriger par l'éducation, les enfants vicieux des deux sexes et adonnés à la mendicité. Il est adossé à la ville de St.-Gall. Le prix de la pension varie de vingt-cinq à cent francs. Le nombre des enfants admis est de vingt garçons et de neuf filles.

Il est établi une caisse d'épargnes, destinée à doter ces jeunes gens à leur sortie. La base de l'éducation est toujours le travail manuel.

Le canton des Grisons s'occupe d'établir un asile-agricole à *Pfankis,* près Coire. Cet établissement recevra quarante enfants des deux sexes. Les fonds pour l'acquisition de cette propriété ont été donnés par un négociant ayant fait fortune à l'étranger. Il a institué pour cet objet un legs de quatre-vingts mille francs.

L'asile-agricole de la ville de *Coire* fut fondé en 1841, également par legs. Il entretient de vingt à trente garçons et filles.

L'asile de *Fural,* près Coire, fondé en 1836, est connu

davantage ; il renferme vingt-huit à trente élèves des deux sexes

L'asile de *Schirs* est un pensionnat particulier du pasteur Pierre Fleuri. Il existe depuis 1857 et compte douze élèves des deux sexes.

Buch, dans le canton de Schaffhouse, est un asile-agricole qui existe depuis 1826. Il a été fondé pour vingt enfants, par une société de bienfaisance. La dépense pour chaque élève est estimée cent quatre-vingt-dix francs par an ; la moitié en est supportée par la Société, et l'autre, payée comme pension annuelle, par les parents ou les communes qui y placent leurs enfants.

Le canton de *Soleure* a un asile-agricole provisoire pour douze élèves. La société de fondation peut disposer d'un fonds de deux cent mille francs, et elle attend l'occasion d'acheter une propriété rurale convenable pour porter le nombre des élèves à vingt-quatre.

Bernrain, près Kreuzlingen, canton de Thurgovie, est un asile-agricole fondé par Wehrli et Pupikofer, en 1843. Le nombre des élèves est actuellement de dix-huit garçons. On y admettra des filles lorsque l'établissement sera tout à fait organisé. La pension annuelle est de soixante-cinq à quatre-vingt-cinq francs.

Echichens est un asile-agricole du canton de Vaud, destiné à former de bons valets de ferme, des enfants pauvres qu'il admet. Par l'éducation qu'on y donne, on atteint ce résultat ; mais la culture de l'esprit y laisse à désirer. L'économie rurale roule principalement sur l'éducation du bétail.

Champ-de-bois est un autre petit asile du même canton, fondé par le propriétaire de ce domaine. On y forme aussi des valets de ferme; mais la culture de l'esprit, l'éducation proprement dite, qui élève l'homme à de nobles sentiments, qui le porte à de belles actions, n'y est pas suffisamment soignée.

Frienstein, à deux lieues de Winterthur, canton de Zurich, est un asile-agricole qui possède de bonnes prairies, des champs fertiles, un beau vignoble et de vastes bâtiments. Il fut fondé par Sulzer, de Wart, en 1838, et reçoit trente-huit élèves des deux sexes. On estime l'entretien d'un enfant à cent cinquante francs par an.

L'asile-agricole de *Kappel*, fondé par cotisation en 1837, présente des résultats satisfaisants.

Carro, près de Genève, est un asile-agricole fondé par le comte Pictet de Rochemont, homme infatigable pour le bien. Il vit avec peine et regrets l'habitude de placer, aux frais de la ville, les pauvres orphelins chez de misérables paysans de la Savoie. On les laissait là sans aucune surveillance, jusqu'à l'âge de sept à huit ans; et il est difficile de se faire une idée de l'abandon dans lequel végétaient ces enfants. Au jeune bétail, on donne une litière et la nourriture nécessaire; mais ces pauvres enfants ne recevaient rien, ni soins ni nourriture suffisante : on les laissait croupissant sur leur paille pourrie, on ne leur changeait leurs langes qu'une fois par an.

Faute de soins, la plupart de ces malheureux mouraient avant d'atteindre la septième année. Les survivants, ramenés à la ville, étaient confiés à des maîtres pour ap-

prendre un état, sans cependant être mieux soignés Ils
devaient fréquenter l'école ; mais le manque de surveillance et leur état d'abrutissement rendaient ces leçons illusoires. Aussi ces êtres, se livrant plus tard à toutes les
passions d'une nature sauvage, qui ne connaît point de
frein, grossissaient bien vite le nombre des mendiants, et
redevenaient ensuite pensionnaires des établissements de
bienfaisance.

Le noble but de Charles Pictet de Rochemont et de son
frère, le professeur Pictet, tous deux secondés par Fellenberg, fut de tirer ces malheureux enfants de leur état
d'abandon et de dégradation. Ils trouvèrent un digne directeur dans la personne de J.-J. Eberhard, qui entreprit
l'œuvre de régénération avec treize élèves, sur le bien de
Carro, pris à bail par les fondateurs.

On ne reçoit dans cet asile que des enfants pauvres, nés
dans la religion protestante.

Les proches parents des enfants, ou les communes aux-
quelles ils appartiennent, sont tenus de payer six à sept
francs de pension par mois pour chaque entrant.

Les enfants y sont formés pour l'agriculture ; ils sont
reçus dans l'établissement de sept à douze ans, et restent
jusqu'à l'âge de dix-huit à dix-neuf ans.

Le comité d'administration prend soin du placement des
élèves sortants, qui, pendant leur séjour dans l'asile, ont
fait preuve de bonne conduite.

Les élèves reçoivent des leçons élémentaires de lecture,
d'écriture, de calcul, de grammaire. de dessin. de chant,
et. avant tout, d'instruction religieuse.

Le directeur, qui est nommé par le conseil d'administration, soigne la comptabilité et rend son compte mensuel au président du conseil.

Le nombre des élèves ne doit pas dépasser trente, l'administration ayant acquis la conviction que ce mode d'éducation n'atteint son but qu'en agissant sur ce nombre de sujets.

Le directeur est secondé par un aide, qui soigne la partie rurale; car là où l'industrie agricole a de l'extension, un seul homme ne suffit pas pour tout surveiller.

Le travail manuel est réparti entre les élèves, de manière que chacun soigne pendant six mois une seule et même partie : les uns, les chevaux, les autres, les bêtes à cornes, la porcherie, la basse-cour, le jardin, etc. Ce terme expiré, une nouvelle distribution se fait; de sorte que, finalement, tous les élèves sont familiarisés avec chaque genre de travail.

On adjoint à chacun des grands élèves, un ou plusieurs petits, qu'il est chargé de former aux travaux de la ferme.

Les fonctions de l'intérieur, telles que celles de porter de l'eau, du bois, de laver la vaisselle, éplucher les légumes, aider à la cuisine, sont hebdomadaires, et se distribuent chaque dimanche.

La fermeture de la maison, la garde pendant la nuit, le balayage du matin, se font tour à tour, et chaque jour par un autre. Il y a des tours de punition pour ceux qui se sont mal acquittés de leurs devoirs.

Cette distribution méthodique du travail facilite beaucoup la surveillance du directeur; elle est en même temps un excellent moyen pour former la jeunesse à l'ordre et à l'exactitude.

Le travail manuel constitue la principale occupation des élèves : ils n'ont qu'une à trois heures de classe par jour en été, et trois à cinq heures en hiver.

La nourriture se compose de pain de froment et de seigle mélangés, de soupe le matin et le soir, de pommes de terre et d'autres légumes, de lait caillé, de fromage et d'un verre de vin mêlé d'eau, à chaque repas. Tous les dimanches on donne de la viande, et en été de la salade pour le souper.

Les enfants sont habillés, l'été, en coutil, et l'hiver, en laine. Chaque élève reçoit par année :

Un pantalon d'été et un pantalon d'hiver,

Deux paires de sabots,

Deux mouchoirs de poche,

Deux chemises et un chapeau de paille.

Tous les deux ans :

Un bonnet de coton, une paire de galoches d'été et une paire pour l'hiver, une veste d'hiver et une d'été, et un surtout d'hiver.

Les habits d'hiver sont distribués à Noël, les habits d'été, le premier dimanche du mois de Mai.

Chaque élève a un bout de jardin qu'il peut cultiver pendant ses heures de récréation. L'établissement lui achète les produits qu'il y récolte, et la somme qui lui en revient est placée à la caisse d'épargnes, pour le doter à sa sortie et pour couvrir ses menus dépenses.

Pour faire comprendre aux élèves que le travail doit être

un jour leur gagne-pain, tous ceux qui ont travaillé avec zèle aux champs et aux leçons, reçoivent une bonne note et une gratification de cinq centimes. Par contre, ceux des élèves qui restent dans l'établissement après l'âge fixé pour la sortie, reçoivent une véritable paie journalière de vingt à trente centimes; mais, dès lors, ils sont obligés de s'habiller à leurs frais. C'est ainsi qu'on les familiarise avec les usages du monde et qu'ils acquièrent l'expérience nécessaire pour y réussir.

Chaque élève coûte à la direction, déduction faite de ce qu'a rendu son travail, une moyenne de soixante centimes par jour. Ce prix élevé vient du fort loyer que l'on paie pour la location de la ferme, et des journées de manœuvre que l'on accorde aux jeunes gens dont nous venons de parler.

On inflige des amendes pécuniaires aux élèves pour manque d'accomplissement de certains devoirs. Cet argent est versé dans une caisse commune, avec les dons que laissent les visiteurs : il sert à payer les excursions dans les environs, et d'autres récréations.

Il y a une comptabilité à part pour les dépenses du ménage, et une autre pour l'exploitation rurale; ces comptabilités sont recommandables par leur clarté et leur exactitude.

Les dépenses sont inscrites par colonnes sur un livre, les recettes, sur un autre. Dans ce dernier on porte les fournitures faites en denrées, les produits fabriqués dans les ateliers, le prix de vente du bétail, les dons, les intérêts des capitaux placés, les recettes pour prix de pensions, et les legs. Parmi les dépenses figurent l'achat des matières premières, les dépenses de bouche, l'habillement, le combustible, les agrès, le bétail, les journées, les bonnes notes, l'éclairage, le mobilier, les frais d'entretien et les rétributions.

Dans les colonnes de la comptabilité agricole, se présente l'importance des récoltes en pommes de terre, légumes, froment, seigle, comme objets de commerce ; le prix de fermage, la main-d'œuvre, les graines pour semer, l'engrais, etc., comme objets fournis à l'exploitation rurale.

Tout mouvement entre ces divers comptes est porté au journal et plus tard au grand livre. Le journal et le grand livre ont autant de brouillards qu'il y a de rubriques pour les produits, afin que les élèves puissent s'en occuper simultanément.

Les plantes sarclées, les céréales, les vignes, les fourrages, le bétail, etc., forment autant de rubriques spéciales.

On porte en compte de frais de culture, le travail des élèves à dix centimes par heure, la charge d'engrais d'un cheval, à trois francs, et le reste en proportion.

Le trente-un décembre de chaque année les comptes s'arrêtent ; et les fournitures faites en nature, au ménage, par l'exploitation rurale, sont portées au crédit de ce dernier compte.

Les élèves qui sortent de l'asile de Carro, ont en général le caractère plus résolu que réfléchi : ils sont religieux sans piétisme, et montrent beaucoup de droiture et de zèle dans le service.

On reproche à l'administration que son système d'éducation n'a pour but que de former des garçons de ferme ; ce qui doit nécessairement décourager ceux de ces jeunes gens qui se sentent nés pour autre chose que pour l'éternelle servitude. Ce reproche n'est fondé que jusqu'à un certain point, attendu qu'il n'y a guère plus que la moitié des sortants qui restent dans cette condition ; les autres embrassent diverses professions.

Au fond, que nous importe l'état qu'embrassent ces jeunes gens, leur éducation une fois faite !

Qu'ils deviennent cultivateurs ou artisans, l'industrie agricole utilise les uns et les autres. Le point essentiel dans l'intérêt social, c'est qu'ils aient appris à gagner honorablement leur vie, et qu'ils ne viennent plus grossir le nombre des pauvres à la charge de la charité publique.

Ce but atteint, la haute question sociale dont nous traitons est résolue, et l'utilité des asiles-agricoles suffisamment constatée.

La Linthcolonie. Là où le torrent de la Linth ravageait autrefois le sol du canton de Glaris, le voyageur voit aujourd'hui un paradis habité par une population industrieuse, qui, à force de travail et de dépenses, a réussi à encaisser le fleuve, et à lui enlever dix mille hectares de terre propre à la culture. C'est là qu'existe depuis 25 ans, à l'ombre d'arbres séculaires, l'asile-agricole de la Linthcolonie.

Le canton de Glaris est l'image en mignature de l'Angleterre manufacturière. A côté de la belle demeure de l'industriel, on voit la pauvre cabane du prolétaire, souvent trop délabrée pour abriter sa famille déguenillée, et vivant de privation.

Une société de bienfaisance fonda l'asile de la Linth sous la direction de M. Lütschg, qui commença avec cinq garçons; le nombre en est porté aujourd'hui à trente-six.

Les enfants sont reçus de l'âge de huit à onze ans. Ils subissent une épreuve de six mois avant d'être reçus définitivement; dès lors ces enfants sont habillés à neuf, et font partie de l'institut jusqu'à l'âge de dix-sept ans.

Le prix de la pension est de 33 à 34 francs par an, payés par les parents ou les communes qui y placent leurs pauvres. On forme à ces enfants une caisse d'épargnes, pour les doter à leur sortie ; chaque sortant touche 2 à 3 louis-d'or.

C'est un des asiles où les travaux agricoles embrassent le plus d'étendue et de variété. Les travaux d'hiver sont: le tricotage, les ouvrages en paille, la fabrication des souliers, et le tissage d'étoffes, dont on vend 2 à 3000 mètres par an.

Tous les habillements sont confectionnés dans l'établissement par les élèves, et toutes les denrées qui leur servent de nourriture, y sont récoltées. Cette nourriture consiste en pain, pommes de terre, viande, lait et beurre.

La distribution du travail est la même que dans toutes les écoles Wehrli, à la faible modification près, que le plus sage des élèves est nommé surveillant pour un temps déterminé; il lui est permis de mettre à l'amende ceux qui manquent à leur devoir. Cet argent, qui est le fruit de leur travail manuel, est versé dans la caisse d'épargnes.

Le canton de Bâle fonda à Gundoldingen, en 1834, sous les auspices du colonel Vischer, un asile-agricole pour les enfants pauvres. Lors de la séparation de la ville avec la campagne, cet établissement fut transporté sur la propriété de l'hôpital de la ville de Bâle, située au-dessous de Ste. Marguerite, où l'on éleva de vastes constructions pour loger 80 élèves; plus des écuries et grange pour l'exploitation rurale. Un élève de Wehrli, H.-J Meier, en fut nommé directeur.

L'emploi de bons instruments aratoires et les procédés modernes de culture, qui furent mis en pratique dans cet asile, avec le débouché facile des produits, à la porte d'une grande ville, firent prospérer l'entreprise sous le rapport pécuniaire. Mais le défaut d'unité dans l'administration a été jusqu'ici un obstacle à la moralisation. La propriété est trop vaste, elle comprend près de cent hectares de sol à exploiter, et nourrit 10 bêtes de traits et 20 vaches. Plusieurs sous-maîtres et six valets de ferme, qui y sont employés, ne permettent pas au directeur de suivre la vie de famille, introduite dans les autres asiles: le partage de l'autorité, le nombre trop considérable d'élèves, et le mauvais exemple des domestiques, influent désavantageusement sur le caractère des enfants.

Dans tous les établissements de la Suisse, destinés à l'éducation des pauvres, la méthode Wehrli est en vigueur, et le travail manuel y alterne avec l'enseignement théorique; c'est que le travail pratique, tout en fortifiant le corps, repose l'esprit, et lui donne de nouvelles forces pour recevoir les leçons théoriques. On a remarqué dans les asiles-agricoles, que l'heure du travail manuel est regardée par les élèves comme moment de récréation; que pour eux, c'est une véritable fête que d'aller cultiver, récolter; mais, après ce travail ils retournent gaiement à leurs cahiers, à leurs livres, pour donner au corps le repos nécessaire.

Nous ne recommandons pas la méthode de Pestalozzi, en ce qu'elle prescrit l'enseignement classique pendant le travail manuel: chaque chose à son temps, et il n'est guère possible de faire bien les deux à la fois.

En disant que l'enseignement classique ne doit pas se donner pendant le travail manuel, nous ne voulons pas dire que ce travail lui-même ne doive pas être regardé comme moyen d'instruction: au contraire, cette méthode devrait servir de base à toute éducation populaire; et si chacune de nos écoles primaires la suivait, le bien général qui en résulterait serait incalculable. Ces écoles deviendraient de véritables pépinières de bons travailleurs, au lieu de servir de serres-chaudes à cette foule de demi-savants incommodes et inutiles.

Le travail ne peut néanmoins être envisagé comme moyen d'instruction, qu'autant que l'enfant soit tenu de le faire avec exactitude et par principes; qu'autant qu'il y acquière de la facilité et de l'habileté, qu'autant que ce travail le conduise à la réflexion et à la persévérance. Il faut donc l'accoutumer de bonne heure à remplir ces conditions, et à regarder comme honteux de ne pouvoir achever un ouvrage commencé, ou de l'achever mal. Il faut lui apprendre que le travail est institué pour notre bien, et que l'oisiveté est un vice. L'esprit une fois pénétré de cette vérité, le goût du travail sera acquis pour toujours.

Mais pour amener l'élève à envisager la vie sous son véritable point de vue, il est indispensable que son précepteur soit animé du même esprit, et qu'il lui serve en tout point d'exemple : il doit se consacrer entièrement à l'accomplissement d'une tâche si belle et si puissante pour guérir les souffrances de l'humanité.

Il doit commencer la journée par assigner à chaque élève sa besogne, et la terminer en récapitulant ce que chacun aura fait. Dans ces réunions du matin et du soir, nous voyons un grand moyen de moralisation : on y élève l'esprit à Dieu par la prière, et on y distribue le blâme et l'encouragement, selon le mérite.

Ainsi l'homme qui accepte les pénibles fonctions de directeur d'une pareille maison d'éducation, doit être à la fois père et professeur ; il doit considérer le travail manuel comme le moyen le plus propre pour faire de ses élèves de bons artisans, d'habiles cultivateurs. Il doit veiller à ce que ce but soit atteint dans toute son étendue.

Pas un brin de paille, pas un clou ne doit se perdre : c'est par là qu'on leur apprend l'économie, et l'économie amène l'aisance. Aucun bout de champ ne doit rester sans culture, pour qu'ils apprennent qu'un petit terrain bien cultivé donne plus de profit qu'une grande étendue mal cultivée. Le jardin doit briller par sa propreté, par l'ordre, par la multiplicité et la beauté de ses produits : par là on accoutume ces jeunes gens à l'exactitude et aux soins extrêmes qu'exige la culture en général, et qui sont

les premières conditions de prospérité pour les cultivateurs.

Il va sans dire que l'habillement des élèves doit être
simple, mais d'une bonne étoffe : il faut les accoutumer
dès l'enfance à remarquer la moindre déchirure qui s'y
fait et à la raccommoder eux-mêmes. Des habits déchirés,
une figure ou des mains malpropres, ne recommanderaient
guère la population d'un tel établissement ; car on trouve
partout une aiguille et du fil pour raccommoder, et de l'eau
pour se laver.

Quiconque n'utilise pas ces moyens si simples, est
esclave de la paresse et ne sait pas apprécier sa propre dignité. L'esprit d'ordre et de propreté doit présider à toute
chose, et tous les outils et agrès doivent être entretenus
dans le plus parfait état.

Ce n'est pas seulement pour les asiles-agricoles, mais
pour toutes les écoles populaires, que je recommande le
mode de faire alterner le séjour de la classe avec le travail
manuel ; ne serait-ce que pour le pratiquer en petit et pendant les heures de récréation. Le développement physique
y gagnerait, et les élèves se familiariseraient avec les principes de la vie laborieuse.

Cette méthode est suivie dans un établissement dirigé
par Wehrli, et présente les résultats les plus satisfaisants.
Qu'on aille visiter cet institut, à Kreuzlingen, pour s'assurer de la vérité de ce qui vient d'être dit ; qu'on en par-
coure les jardins, les alentours, et l'on verra les merveilles
du travail manuel des élèves, exécuté ordinairement le
soir, après les heures de classe. Ce sont eux seuls qui

produisent ces admirables ouvrages, car aucune main étrangère n'y touche. C'est à cet alternat dans les occupations, qu'on doit attribuer le développement des forces physiques des élèves, et la diminution considérable des frais d'entretien de la maison.

La conséquence de ce sage emploi du temps et des forces humaines, prouve en même temps, que ces moyens permettraient de faire l'éducation de la jeunesse, sans ruiner les parents, et sans astreindre les enfants à une tension d'esprit continuelle, qui souvent affaiblit les facultés intellectuelles et la constitution physique, au lieu de les développer.

On est vraiment surpris des heureux résultats de la méthode Wehrli : elle fait naître le goût du travail et la sobriété ; elle donne la santé et la force du corps ; elle développe l'intelligence, adoucit les mœurs ; elle rend le cœur bon, et toutes ces qualités acquises deviennent une digue puissante contre la corruption du monde. — En effet, ce n'est que le retour à la simplicité des mœurs, et la renonciation à ces désirs immodérés de vouloir jouir ; ce n'est qu'un jugement sain, joint à l'amour du travail, qui puissent offrir au prolétaire une existence paisible et heureuse.

CHOIX D'UN DIRECTEUR.

L'instruction seule ne suffit pas pour remplir ces importantes fonctions : il faut de l'habileté, de l'expérience, une foi ardente, un coup-d'œil juste, un grand pouvoir sur soi-même, du calme, du sang-froid et de la persévérance. Il est indispensable de connaître l'agriculture en théorie et en pratique, d'avoir quelques connaissances techniques. En général il est bien constaté, que la prospérité d'un asile-agricole dépend bien plus des qualités personnelles du directeur, que de toute autre condition.

L'économie, qui doit être la base organique de ces écoles, prescrit bien de restreindre, autant que faire se peut, le personnel des employés ; mais il importe encore plus de le limiter, par la considération que le partage de la surveillance entre plusieurs personnes, nuirait à l'unité d'action.

Il est donc nécessaire de restreindre le nombre des élèves ainsi que les travaux agricoles, pour que le tout puisse être dirigé et surveillé par une seule personne. L'expérience n'a que trop bien démontré, que là où la direction est partagée, il s'établit des relations froides et de la jalousie. Il se forme des partis, qui influent désavantageusement sur la moralité des élèves, par la différence des traitements. L'affection se partage ; ils penchent tantôt vers l'un, tantôt vers l'autre des chefs : ce qui a ordinairement pour résultat, que l'action utile des deux se trouve paralysée.

On nous objectera, qu'il est impossible à un seul chef de tout faire, de tout voir de ses propres yeux, même dans un établissement où le nombre des élèves ne dépasserait pas quarante. Nous ne soutenons pas le contraire, mais au moins, il ne se fera seconder que par des aides soumis à son autorité, et auxquels il n'abandonnera jamais l'objet principal de l'éducation, la culture de l'esprit et du cœur.

D'ailleurs, le directeur a la faculté de choisir ses aides parmi les élèves les plus capables, en sorte que l'unité de la direction n'en souffre nullement, et qu'il conserve toute son autorité, toute son influence.

Le concours de ces jeunes collaborateurs ne doit pourtant pas le dispenser de suivre ses élèves aux champs, aux étables, aux travaux domestiques. Il doit au contraire se persuader que le vrai caractère d'un asile-agricole, selon les principes de Fellenberg, exige que le directeur mette lui-même la main à tous les travaux, et serve partout de modèle.

C'est ainsi que fit Wehrli, et cette abnégation de lui-même, qui fait son plus grand éloge, est le plus bel exemple à offrir à ceux qui sont à la tête de pareilles écoles.

Dans les asiles où les deux sexes se trouvent réunis, il est indispensable que le chef soit marié, pour que son épouse puisse s'occuper de l'éducation des filles. On exige de cette directrice un caractère doux, une abnégation entière des plaisirs du monde, et une vocation prononcée pour ces fonctions charitables.

Elle doit être habile dans les travaux manuels, pour apprendre à ses élèves à coudre, à tailler, à raccommoder, à faire la cuisine, à travailler au jardin, à faire les lessives, et d'autres travaux domestiques.

Cette organisation intérieure est en outre très-avantageuse, en ce qu'elle permet de se passer de domestiques à gages, qui souvent, faute d'éducation, nuisent aux bonnes mœurs des enfants.

Nous avons fait voir que le directeur d'un asile-agricole doit être à la fois instituteur capable et habile agronome, pour former l'esprit et le cœur des élèves, et leur donner en même temps des connaissances techniques.

Ce n'est pas une tâche facile, que d'amener au bien des enfants aussi négligés ; de faire naître en eux la conviction, la foi, l'amour du travail, en un mot, toutes les qualités qui font l'homme utile et vertueux.

Il faut que le maître possède lui-même toutes les qualités que nous venons de citer, il faut qu'il soit animé de l'amour de Dieu et du prochain, pour qu'il accepte, doué de tant de mérites, une condition si modeste, une place si pénible, qui l'occupe chaque jour, de cinq heures du matin à neuf heures du soir. Et, quel autre mobile que cet amour de Dieu et du prochain l'empêcherait de se décourager, en voyant chaque matin se renouveler pour lui les mêmes peines ; en voyant l'élève qu'il a formé, remplacé continuellement par un autre à former !

Aussi, nous voyons plus d'une de ces écoles manquer son but, faute d'un bon directeur, assez difficile à trouver, puisqu'on manque d'établissements pour former les jeunes gens qui se destinent à cette carrière.

Voici comment on procède en Suisse pour obvier à cet inconvénient. Les jeunes gens qui se vouent à l'état d'instituteur passent deux ans dans un premier asile-agricole, et deux autres dans un second ; ces quatre années leur sont comptées comme école préparatoire. Ils achèvent leurs études au collége, et c'est ainsi que l'on pourvoit aux besoins toujours croissants de ces hommes précieux.

en raison de l'augmentation progressive des asiles pour les enfants des pauvres.

L'ADMINISTRATION.

Le choix des membres du conseil d'administration est presque aussi important que celui du directeur. Il faut des hommes réfléchis, animés du désir de faire le bien, et sachant juger et décider avec calme et précision. Ils ne devront point reculer devant des difficultés inévitables, ni devenir indifférents, le charme de la nouveauté une fois passé. Ils ont besoin d'un zèle constant pour surveiller la direction morale, aussi bien que la partie financière, sans y mettre ni esprit de parti, ni opposition systématique. Ils ne devront pas laisser manquer l'établissement des fonds de roulement indispensables, pour que le directeur ne soit pas réduit à la nécessité d'y suppléer par un travail excessif, dont le résultat ne serait que très-préjudiciable à l'éducation de ses élèves.

La commission administrative, prise dans le sein du conseil, et qui est composée ordinairement de sept membres, ne doit pas se borner à des réunions périodiques. Chaque membre doit avoir une part active à soigner, l'un, l'achat des approvisionnements, l'autre, la vente des produits, etc. Les moments du directeur ne doivent pas être absorbés par tous ces détails, qui ne feraient que le dé-

tourner de sa tàche principale , la surveillance constante
de ses élèves.

D'un autre côté , il ne doit pas être trop restreint dans
ses attributions : une confiance entière doit lui être accor-
dée , car ce serait un vrai contre-sens que d'avoir de la
défiance en celui dont la tàche entière repose sur la confiance.

L'ADMISSION.

Il est indispensable de prendre sérieusement en considération les qualités physiques des enfants qu'on admet
dans les asiles.

Les idiots, les aveugles , les sourds-muets, ne peuvent
pas être élevés de la même manière que les enfants
exempts de défauts d'organes.

Les enfants viciés ne peuvent également pas être as-
similés à ceux qui jouissent d'une saine constitution.

Ces diverses catégories demandent à être élevées sépa-
rément et par des procédés spéciaux.

Les effets de l'éducation ne seront également pas satisfaisants, comme nous l'avons déjà dit, si le nombre des
enfants dépasse celui d'une grande famille; car là où il
s'agit de corriger les défauts de chacun individuellement,
une surveillance qui n'embrasse que l'ensemble, ne suffit
plus. Tous ces enfants sont moralemeı ısouffrants : ils ont

besoin chacun d'un traitement spécial, et tous d'une sage direction et des secours de la religion.

Heureusement, les enfants sans défauts d'organisation forment la classe la plus nombreuse parmi les pauvres, et ce sont ceux-là qui réclament particulièrement toute notre sollicitude. En leur donnant de l'éducation, on ne sauve pas seulement l'individu, mais on arrête les progrès de la mendicité, on diminue la misère et les besoins de la société en général.

Les asiles-agricoles, à l'instar de ceux que nous avons décrits, sont et resteront les seuls lieux de refuge, où cette classe d'enfants trouvera les secours et l'assistance nécessaires, pour les tirer de l'état de dégradation dans lequel ils sont nés.

Ces sortes d'établissements sont les seuls en état de préserver la société de la destruction dont elle est menacée par l'envahissement progressif de la pauvreté héréditaire.

Les instituts des aveugles et des sourds-muets se chargent de ces malheureux, qui sont en petit nombre, tandis que les asiles-agricoles sont consacrés à l'éducation de la masse plus considérable des enfants abandonnés, et de ceux des pauvres en général, pour les tirer de la misère et en faire des sujets utiles à la société.

Mais, pour que ces écoles profitent à la masse, elles doivent être en nombre suffisant pour pouvoir admettre tous les enfants pauvres, sans qu'il soit nécessaire de dépasser le nombre de trente à quarante élèves par asile, si toutefois on veut y maintenir la vie de famille, et opérer efficacement leur guérison physique et morale.

Sans fixer l'âge d'admission des enfants, il serait à désirer qu'ils fussent reçus dès qu'on les juge susceptibles de recevoir l'instruction, sans cependant les admettre au-dessous de six ans, ni au-delà de douze : plus âgés, ils ne seraient plus à même d'être tirés de l'état d'abrutissement dans lequel ils végétaient jusqu'alors. Il est même rare qu'un sujet reçu à douze ans réussisse bien ; ce qui fait une mauvaise impression sur les autres élèves, et discrédite l'établissement.

DE LA RÉUNION DES DEUX SEXES.

Une des principales conditions pour assurer le succès des asiles-agricoles, selon l'opinion de J.-C. Zellweger, c'est d'y adopter et d'y maintenir la vie de famille, en ne séparant pas entièrement les enfants des deux sexes. Si la femme du directeur se charge de l'éducation des filles, et si le local est convenablement disposé, pour que cette réunion dans le même établissement, puisse se faire sans préjudice pour les mœurs, il en résulte incontestablement avantage.

L'imagination des jeunes gens est bien moins excitée lorsque garçons et filles se voient journellement au travail : il s'établit entre eux une certaine fraternité, qui éloigne tout ce qui pourrait porter atteinte à l'innocence des mœurs. Ce n'est qu'à un âge plus avancé que les deux sexes se recherchent, et c'est là la raison pour laquelle la sortie ne doit pas être trop retardée : un plus long séjour dans ces sortes d'établissements pourrait en effet avoir de fâcheux résultats.

Un fait certain, c'est que l'éducation des filles dans la classe pauvre, a été entièrement négligée jusqu'ici, quoique tout le monde sache que la bonne réussite de l'enfant dépend presque exclusivement des vertus de la mère : considération qui nous fait un devoir de soigner l'éducation des filles tout aussi bien que celle des garçons.

Si l'on jette un regard attentif sur la vie de famille, on voit que le caractère fougueux des garçons est presque toujours modéré par la douceur des filles. La même chose se présente dans l'instruction : les filles apprennent plus facilement que les garçons jusqu'à l'âge de treize ans ; il en résulte une heureuse et naturelle émulation, qui n'a besoin d'aucun autre stimulant.

Ces raisons parlent assez puissamment en faveur de la réunion ; mais il en résulte encore un autre avantage, qui mérite bien d'être apprécié : les filles font les travaux de ménage confiés habituellement aux servantes , ce qui permet de les supprimer. On évite par là les dépenses de ces dernières et l'on se préserve de la mauvaise influence de ces domestiques.

Ainsi ces établissements mixtes présentent double avantage, sous le rapport de la morale, et sous celui de l'économie.

ÉPOQUE DE LA SORTIE ET DU CHOIX D'UN ÉTAT.

L'époque la plus importante pour l'élève est celle de sa sortie de l'asile, pour faire choix d'un état. Ce moment réclame toute la sollicitude du directeur, en considération des dangers auxquels ce jeune homme sans expérience va être exposé, arrivant les mains vides, sans protecteur naturel, dans une société qui n'est pas exempte de corruption.

Des besoins dont il n'avait aucune idée, se présentent dès lors, et au danger des mauvais exemples viennent se joindre les passions du jeune âge. Il n'est donc pas étonnant si, de temps en temps, quelques-uns de ces jeunes gens ne répondent pas à l'attente du directeur.

Aussi regardons-nous comme un devoir sacré, tant pour le directeur que pour l'administration de l'établissement, de guider autant que possible les premiers pas si difficiles du sortant, et nous prétendons que là où ce soin n'existe pas, l'instruction ne remplit pas toutes les conditions, et l'éducation est inachevée.

En Suisse, tous les asiles soignent pour leurs élèves sortants, soit par des caisses d'épargnes, soit par des sociétés de charité, qui se chargent de les doter.

Fellenberg, ainsi que nous l'avons dit, voulait que ces enfants élevés gratuitement, ne quittassent l'asile qu'à l'âge de vingt-et-un ans, comme plus en état de se diriger eux-mêmes et de payer par leur travail une partie des premiers frais de leur éducation.

Mais le même principe n'est pas applicable là où il y a

beaucoup d'enfants à admettre, et peu d'établissements pour les recevoir, et encore moins dans les maisons d'éducation qui réunissent les deux sexes. Aussi a-t-on fixé, dans tous les autres asiles de la Suisse, la sortie à dix-sept ans, et il serait difficile de retenir ces jeunes gens au-delà, parce que c'est à cet âge que s'éveille en eux le désir de leur émancipation.

Dans le Würtemberg, les enfants quittent déjà à quatorze ans : on les suppose assez avancés pour entrer en apprentissage. Nous désapprouvons ce système, parce que l'éducation morale doit nécessairement en souffrir. Ces quelques années ne suffisent pas pour poser des fondements solides ; les bons principes ont à peine le temps de prendre racine, et l'élève quitte au moment où l'éducation allait porter ses fruits. Les fâcheux résultats de cette sortie précoce sont bien constatés ; mais la pénurie de pareils établissements, et le grand nombre d'enfants dans le cas d'y être admis, ne permettent pas de les y garder plus longtemps ; ce qui en augmenterait trop le nombre, et nuirait à leur bonne éducation, tout en augmentant considérablement les dépenses.

Il est difficile de choisir pour chaque élève, l'état le plus en rapport avec ses talents, ses dispositions, et ses qualités physiques, pour que les peines et les soins donnés à son éducation ne soient point perdus. Il est surtout difficile de décider, si du sortant il faut faire un artisan, un agronome ou un simple valet de ferme. Sans ressources pécuniaires, l'artisan sort difficilement de la pauvreté, et reste simple ouvrier, exposé toute sa vie aux vicisitudes de la vie nomade. Durant l'apprentissage, le maître abuse souvent de son pouvoir en employant l'apprenti à toute autre chose qu'à lui apprendre son métier. Ces considérations sont assez importantes pour décider les directeurs des asiles à ne choisir l'état d'artisan que pour un petit nombre de leurs élèves, et qu'autant qu'une vocation prononcée ne les appelle pas à une position plus relevée.

Nous tenons beaucoup à ce que tous ceux qui montrent les dispositions et les talents voulus, se vouent à l'instruction. Pour être instituteur, il faut des capacités et non des capitaux : la pauvreté n'y met aucun obstacle, et nul état n'offre une carrière plus honorable, nulle profession n'est aussi à même de rehausser la dignité personnelle. En travaillant journellement au développement intellectuel des autres, on élève nécessairement ses propres pensées au bien et à la vertu.

Les écoles-agricoles de la Suisse ont déjà formé quantité de bons instituteurs pour les écoles populaires, et un bien plus grand nombre encore pourra être employé, si, comme nous l'espérons, ces utiles établissements continuent à se multiplier.

Ceux des élèves qui n'ont ni les talents, ni la vocation pour l'état d'instituteur, ne pourraient choisir un état plus heureux, plus indépendant que celui de cultivateur.

CONCLUSION.

Nous avons donné une description détaillée des asiles-agricoles de la Suisse, patrie de leurs immortels fondateurs.

Nous avons démontré la haute influence que de pareils établissements sont appelés à exercer sur l'extinction de la mendicité ; et nous n'hésitons pas à proclamer le système d'éducation que nous venons de développer, comme le seul remède efficace contre les progrès rapides de la pauvreté héréditaire, comme l'unique moyen de ramener les jeunes mendiants à une vie réglée, à l'amour du travail.

C'est par les asiles-agricoles seuls qu'on parviendra à arracher l'enfant du pauvre à la dégradation, où le tiennent plongé la misère et la démoralisation de ses parents, qui l'élèvent dans l'ignorance, dans la paresse, et qui le laissent s'abandonner à toutes les suggestions du vice.

Cette haute considération sociale doit nous faire apprécier davantage l'importance de ces établissements, et leur assigner le premier rang parmi les institutions d'utilité publique.

Il n'est plus permis dès lors de les considérer exclusivement comme écoles-agricoles destinées à former d'habiles cultivateurs ; mais comme remède infaillible pour guérir la plaie la plus dangereuse de l'époque, l'augmentation inquiétante du paupérisme.

L'utilité de ces établissements ne saurait être contre-balancée par la considération de la dépense qu'occasionnerait leur création, puisqu'il est bien démontré que l'en-

tretien des enfants trouvés dans les hôpitaux et les maisons
d'orphelins, coûte plus cher à l'Etat, qu'il ne lui en coû-
terait dans des asiles, où le travail manuel couvre une
partie de la dépense.

D'ailleurs, la crainte de la dépense doit s'évanouir en
présence d'une question sociale aussi importante que celle
dont il s'agit. La masse des mendiants augmente d'une
manière inquiétante, ainsi que nous l'avons démontré ; et
ce n'est qu'en donnant à leurs enfants une éducation qui
les mette à même de pourvoir eux-mêmes à leur subsistance, que l'on pourra mettre des bornes à la pauvreté héréditaire. Car c'est là le grand vice de l'organisation sociale
actuelle : on laisse les enfants des mendiants, devenir ce
que sont leurs pères, ce que furent leurs aïeuls, mendiants de profession, à la charge du public ou de l'État.

Il faut à tout prix arracher ces enfants à leur état de
dégradation morale et physique : et il n'y a que l'éducation qui puisse conduire à cet heureux résultat.

L'instruction de nos écoles publiques n'est pas ce qu'il
faut à ces malheureux abandonnés. Il leur faut un maître
spécial, une éducation particulière, dans des localités ap-
propriées à la chose ; il faut non seulement leur apprendre
à penser, à observer, à comparer ; il faut aussi développer
leurs forces physiques. Les principes religieux doivent
dominer l'esprit, le sentiment de la force, l'être matériel :
c'est la parole de Dieu qui éloigne les mauvaises pensées, et qui déracine les penchants vicieux ; les exercices
du corps endurcissent à la fatigue, et font du travail un
simple jeu, un amusement.

Il faut habituer de bonne heure ces enfants à obéir à Dieu, à respecter leurs supérieurs, à être reconnaissants envers leurs bienfaiteurs, complaisants envers leurs camarades, et à travailler avec plaisir, avec conscience.

Mais tout cela doit s'obtenir plutôt par le bon exemple et par la pratique du travail et de la prière, que par des sermons de chaque jour.

L'éducation, en général, est l'art de donner à l'enfant, dès son plus tendre âge, la direction convenable, pour que la raison domine en tout temps la matière.

Qu'on juge s'il est possible d'atteindre ce but dans la maison du pauvre, où l'aveugle hasard tient le gouvernail, où l'ordre, la propreté sont inconnus, où il n'y a ni développement intellectuel, ni principes arrêtés. Tandis que, dans nos asiles-agricoles, le physique et le moral se développent en même temps, et que cette instruction en commun stimule chaque élève, et produit cette noble émulation, qui lui fait aimer le travail, l'application. D'ailleurs les travaux champêtres ont quelque chose de réjouissant pour la jeunesse : elle salue gaiement le soleil levant, elle respire plus librement l'air des champs, et, accompagnée du chant des oiseaux, elle brave les fatigues d'un travail pénible. L'appétit assaisonne le frugal repas, et le repos lui paraît délicieux après une journée laborieuse.

Les préceptes de la religion et de la morale s'impriment profondément dans l'esprit et dans le cœur de ces jeunes gens ; leur conviction devient telle, que les vices qui infectent la société, n'ont plus le pouvoir de les corrompre.

Avant l'organisation des asiles-agricoles en Suisse, les

enfants abandonnés et les orphelins étaient reçus dans les hôpitaux. Leur éducation était négligée : ils restaient chétifs, paresseux, maladifs et sans intelligence.

Pestalozzi comprit qu'il ne suffisait pas de ne conserver que l'existence animale à ces malheureux enfants ; il voulait qu'ils fussent élevés pour la terre et pour le ciel, en leur donnant, avec l'amour du travail, une éducation morale. Il voulait prouver, comme il l'a fait, que l'enfant du pauvre, stimulé par une sage direction, pouvait devenir utile à la société, tout en gagnant, par son travail, une grande partie de ses frais d'éducation.

C'était là une noble pensée, qui fut mise en pratique, par ses imitateurs, avec tout le succès désirable, et les faibles dépenses de ces asiles-agricoles, comparativement à celles si énormes des maisons d'orphelins dans les villes, leur utilité si frappante, prouvent évidemment la haute sagesse d'un théorie, qui vaut aujourd'hui à son auteur l'admiration de la postérité reconnaissante [1].

Les souffrances du pauvre sont grandes ; et, à la cause matérielle de ces souffrances se joint une cause morale, qui

---

[1] On vient d'élever à la mémoire de Pestalozzi un monument à Birr, en Suisse, qui porte l'inscription suivante :

« Ici repose HENRY PESTALOZZI, né à Zurich, 12 Janvier 1746, décédé à Brugg, 17 Février 1827. Sauveur des pauvres à Zurich, instituteur du peuple dans Léonard et Gertrude ; à Stantz, père des orphelins ; à Burgdorf, à Munchenbuchsée, fondateur de la nouvelle école du peuple ; à Yverdun, précepteur de l'humanité ; homme, chrétien, citoyen, tout pour les autres, pour lui-même rien ; béni soit son nom. »

ne peut être combattue par de simples aumônes. Pour détruire le mal dans sa source , il n'est point d'autre remède que de donner à l'enfant du pauvre une éducation selon les principes que nous venons de développer.

Nous aurons toujours des pauvres , c'est inévitable ; car la misère se glisse inaperçue, et sous mille formes diverses, dans les rangs de la société , pour précipiter dans le besoin, celui qui, hier encore, jouissait d'une heureuse aisance. Mais il est de l'intérêt de l'Etat , comme de tous ceux qui possèdent , de ne rien négliger pour empêcher que les besoins de la pauvreté ne dépassent pas les ressources disponibles, pour que ses cris de désespoir ne viennent pas troubler l'ordre établi et provoquer l'anarchie.

L'expansion colonisatrice offre à tous les gouvernements de l'Europe , par la fondation de pareils établissements , une heureuse solution aux questions inquiétantes qui les pressent : extension du paupérisme, exubérance de la population , engorgement des cités manufacturières.

Notre gouvernement dépense chaque année cent millions en Afrique, où nos armées occupent un terrain vide, de sept à huit mille lieues carrés. La France n'a encore rien fait pour utiliser sa conquête, au point de vue de la solution des questions agricoles et colonisatrices ; car il ne faut pas tenir compte des tâtonnements et des essais tentés par les divers administrateurs de l'Algérie, pour obtenir par la colonisation, une minime compensation de nos énormes sacrifices en hommes et en argent que la mère-patrie fait tous les ans pour cela. Il y a là cependant un sol fertile à rendre à la culture , un débouché immense à ouvrir à l'activité de nos populations trop pressées sur le sol natal ; il y a en Afrique la barbarie à remplacer par la civilisation, et la colonisation seule peut nous assurer à toujours la propriété inaliénable de l'Algérie, tandis que le triomphe de nos armes ne peut nous en donner que la possession précaire.

Bien des essais infructueux ont été tentés à cette fin. Plus d'un système, l'un plus chimérique que l'autre, ont été proposés. Pourquoi n'essaierait-on pas les asiles-agricoles selon la méthode Fellenberg ?

Avec un fonds annuel de deux à trois millions, on établirait tous les ans, et on entretiendrait assez d'établissements de ce genre, pour débarrasser la France, dans peu d'années, de tous ses jeunes mendiants et enfants trouvés des deux sexes, qui, au bout de vingt-cinq années, auraient peuplé nos possessions africaines de quelque cent mille bons et vigoureux cultivateurs, parfaitement acclimatés.

Les premiers essais réussis, rien n'empêcherait d'opérer sur une plus large échelle ; en doublant et triplant le nombre d'établissements agricoles à créer annuellement en Afrique, le résultat deviendrait incalculable.

La France serait débarrassée de ses mendiants, de ses enfants trouvés, et l'Algérie, autrefois déserte, se trouverait couverte d'un jeune peuple chrétien, civilisé. Un peuple nombreux, sortant de la même école, fait au climat, nourri des mêmes principes. parlant la même langue ! Un peuple nouveau, qui se distinguerait par la simplicité de ses mœurs, par sa moralité. par son amour pour l'ordre et pour le travail ! Un peuple sans mendiants sans oisifs !

Un peuple de consommateurs pour notre France manufacturière, donnant un nouvel élan à sa prospérité décroissante, à son commerce en général !

Les cent vingt mille enfants abandonnés, qui peuplent nos hôpitaux et qui n'ont point de patrie, en trouveraient une en Algérie ; en place de mendiants, on en ferait des travailleurs aussi habiles à défendre le sol conquis, qu'instruits dans la profession de l'agriculture et dans toutes les professions qui relèvent de l'industrie agricole.

Cette race de colons éprouvés par l'habitude du travail des champs, résisterait plus facilement que les adultes qu'on y transporte, aux ardeurs de ce climat brûlant ; ils défricheraient avec plus d'intelligence les terres qu'on leur donnerait en toute propriété, à la sortie de l'école.

On les marierait avec les jeunes orphelines élevées dans des établissements analogues, destinées à leur servir de compagnes dans leur établissement colonial, et l'Algérie se couvrirait promptement d'habiles cultivateurs, parfaitement aptes à gagner leur vie, à nourrir la nombreuse famille, et à propager la civilisation dans toute cette vaste contrée.

Quel beau rêve ! Quel bonheur pour nous tous, s'il venait à se réaliser ! Alors la France bénirait comme un bienfait la possession de l'Algérie, qui aujourd'hui n'est encore qu'une charge pesante pour elle. Quel bel avenir en regard du système actuel ! Nous ne verrions plus le triste spectacle des malheureux que nous ramène ce climat ennemi de ceux qui n'y sont pas habitués dès leur enfance, et qui, rongés par la fièvre et exténués de misère, quittent l'Afrique pour venir peupler nos hôpitaux.

Puisse notre gouvernement prendre en sérieuse considération ce projet de colonisation, pour lequel plaide
si puissamment l'intérêt social, et à l'exécution duquel
aucun obstacle sérieux, invincible, ne paraît s'opposer.

Des chaumières, ainsi que le veut Pestalozzi, pour loger quarante enfants avec leur précepteur, pourraient être
construites en Algérie, comme partout ailleurs, en peu de
temps et à peu de frais. Les terres à exploiter, sont là en
surabondance ; il ne s'opposerait donc aucune autre diffi-
culté à l'exécution immédiate de notre système de colonisation, que celle de trouver le nombre d'instituteurs
nécessaire pour diriger de pareils établissements.

Ces hommes nous manquent en France, et sont encore
difficiles à trouver en Suisse; dès lors il n'y a d'autre moyen
de lever l'obstacle, que de suivre l'exemple de nos braves
voisins, et de travailler avec courage à la fondation d'un
nombre suffisant d'écoles d'agriculture, dans toutes les
contrées de la France, pour servir de pépinière aux instituteurs nécessaires pour diriger, plus tard, nos établissements de l'Afrique.

Nous allons donner le bon exemple, en nous occupant
de la fondation d'un asile-agricole pour l'éducation des
enfants pauvres dans notre ville, et nous terminons en
appelant la bénédiction divine, la protection du gouvernement et la coopération de nos concitoyens, sur cette
entreprise philantropique.

TABLE DES MATIÈRES.